क़लम ज़िन्दा रहे

क़लम ज़िन्दा रहे

क़लम ज़िन्दा रहे

(ग़ज़लें-रुबाइयाँ-अशआर-दोहे)

इकराम राजस्थानी

वाणी प्रकाशन

वाणी प्रकाशन
4695, 21-ए, दरियागंज, नयी दिल्ली 110 002

शाखा
अशोक राजपथ, पटना 800 004

फ़ोन : +91 11 23273167 फ़ैक्स : +91 11 23275710

www.vaniprakashan.in
vaniprakashan@gmail.com
sales@vaniprakashan.in

KALAM ZINDA RAHE
by Ikraam Rajasthani

ISBN : 978-93-5229-630-9
Ghazals

प्रथम संस्करण
मूल्य : ₹ 250

सिटी प्रेस, दिल्ली-110 095 में मुद्रित

वाणी प्रकाशन का लोगो मक़बूल फ़िदा हुसेन की कूची से

क़लम ही बदलती है ज़माने को...

इतिहास इस बात का गवाह है कि क़लम ने सारे संसार को बदलने का, विश्वास रखा है। शासन और सत्ता से भी ऊपर का आसन, लेखनी को मिला है। सतयुग, त्रेता, द्वापर, कलियुग में क़लम से बहुत बड़े काम लिए गये हैं। मैंने कुछ ग़ज़लें, रुबाइयाँ, मुक्तक, दोहे, फुटकर शे'र आपके लिए लिखे हैं जिन्हें एक यादगार पुस्तक का रूप देने का प्रयास किया है—वाणी प्रकाशन, दिल्ली के श्री अरुण माहेश्वरी ने।

इस बार विविधताओं को साकार किया है मैंने और साहित्य की उन प्रचलित विधाओं में अपनी बात कहने का प्रयास किया है जो सीधे पाठक के दिल में उतरती है। सबसे अधिक आभार तो लेखनी का करता हूँ जो निरन्तर मेरे मन के भावों को, काग़ज़ पर उतारकर उन्हें जन मानस के मन तक पहुँचाने में मेरा सहयोग कर रही है।

मुझे पूरा यक़ीन है कि इस बार ये पुस्तक मेरे पाठक वर्ग की आशाओं और विश्वास पर अवश्य खरी उतरेगी। मुझे आपका स्नेह, सहयोग मिलेगा।

भारतीय समाज की आस्थाएँ, मेरी लेखनी के माध्यम से नयी पीढ़ी के मानस में नयी आशाएँ, विश्वास जगाएँगी ऐसी मैं मनोकामना करता हूँ।

नववर्ष की अनेक शुभकामनाएँ।

झूठ के इस दौर में भी सच का दम ज़िन्दा रहे।
सर क़लम हो जाये, लेकिन ये क़लम ज़िन्दा रहे॥

जयपुर : 1 जनवरी 2017

इकराम राजस्थानी
अक्स, 1 ख, 10,
हाउसिंग बोर्ड, शास्त्री नगर
जयपुर-302016

अनुक्रम

ग़ज़लें

मुक्तक और रुबाइयाँ

ग़ज़लें

चहका करती हैं शामो-सहर बेटियाँ

चहका करती हैं शामो-सहर बेटियाँ।
महका महका सा रखती हैं घर बेटियाँ।

एक कच्चा घरौंदा, बनाकर हैं खुश,
अपनी तक़दीर से, बेख़बर हैं बेटियाँ।

कौन आँसू भरे, घर से होता विदा,
सोचना, ये ना होतीं, अगर बेटियाँ।

मायका ही समझ लेतीं, ससुराल को,
जानती हैं ये सारा हुनर, बेटियाँ।

सिर्फ़ साया नहीं, धूप में भी रखो,
झेल पायेंगी, तब, दोपहर बेटियाँ।

माँ के सीने में जब कोई पीड़ा जगे,
देखकर जान लेतीं नज़र बेटियाँ।

ख़ुद जली हैं कभी, या जला दी गयीं,
जान देती हैं, माँ बाप पर बेटियाँ।

जान बेटों में जो डालता है वही,
ख़ुद बनाता है, कुछ सोचकर बेटियाँ।

लाख कोशिश करो, ख़त्म करने की तुम,
ज़िन्दा मर-मर के होंगी मगर बेटियाँ।

उसका वजूद ज़िस्म के अन्दर दिखाई दे

उसका वजूद ज़िस्म के अन्दर दिखाई दे।
फिर देखिये, इंसान क़लन्दर दिखाई दे।

इन बादलों के पीछे, कोई चाँद नहीं है
जब ये छँटे, तो धूप का मंज़र दिखाई दे।

दो बूँद भी प्यासों को, कोई दे नहीं सकता,
यूँ कहने को तो एक समन्दर दिखाई दे।

ऐ मेरे दोस्त रोक ले अब मत बढ़ा इसे,
मुझको तो तेरा हाथ भी खंजर दिखाई दे।

वो आदमी नहीं है, फ़रिश्ता कहो उसे,
इस दौर में उसूलों का रहबर दिखाई दे।

अब ढूँढ़ रहा हूँ, मैं किसी ऐसे सख़्श को,
काँधे पे जिसके, अपना ही इक सर दिखाई दे।

लाज़िम है अपनी जान को छिपकर बचाइये,
जब भी बचाने वालों का लश्कर दिखाई दे।

ग़ालिब का रंग, मीर का अन्दाज़ पैदा हो,
'इकराम' भी फिर एक सुख़नवर दिखाई दे।

फूलों में भी काँटों की चुभन ठीक नहीं है

फूलों में भी काँटों की चुभन ठीक नहीं है।
कोई भी, तबस्सुम की किरन, ठीक नहीं है।

ये वक़्त के सहरा में, दहकता हुआ सूरज,
और उस पे ये चन्दन सा वदन, ठीक नहीं है।

बस एक ही चौखट हो, जहाँ शीश झुका हो,
हर द्वार पे जाकर हो नमन, ठीक नहीं है।

हर फूल पे, हर शाख पे, आते हैं छिटक कर,
इन धूप के टुकड़ों का चलन, ठीक नहीं है।

तुम डाल रहे इसमें, ग़रीबों का लहू है,
और फिर भी ये कहते हो, हवन ठीक नहीं है।

खुद ही तो कुचल देते हैं खिलती हुई कलियाँ
फिर ख़ुद ही ये कहते हैं, चमन ठीक नहीं है।

जीते जी ढक नहीं सके, तन को कभी जो लोग,
उनको भी शिकायत है, कफ़न ठीक नहीं है।

तुम्हारे शहर में बरसात हो रही होगी

तुम्हारे शहर में बरसात हो रही होगी,
यक़ीन है कि, मेरी बात हो रही होगी।

जहाँ पे भीगकर, दामन निचोड़ा था तुमने,
उसी जगह पे, मुलाक़ात हो रही होगी।

दिये जला दिये, मैंने यहाँ पे उल्फ़त के,
मेरे बग़ैर, वहाँ, रात हो रही होगी।

तन तो केवल तन होता है

तन तो केवल तन होता है।
जो होता है, मन होता है।

जीवन वो जीवन होता है,
साथ में जब साजन होता है।

बरखा की बूँदों से कह दो,
भीतर भी, सावन होता है।

जिसके पास नहीं हैं सपने
वो सबसे निर्धन होता है।

जिसमें नाम नहीं है तेरा,
वो मन निर्जन वन होता है।

जुनूने इश्क़, आँखों से बयाँ है

जुनूने इश्क़, आँखों से बयाँ है।
मुहब्बत भी, अनोखी दास्ताँ है।

न इसमें, उम्र है, न कोई बन्धन,
धड़कता दिल, मगर कहती ज़बाँ है।

महकती है हमेशा, जैसे सन्दल,
ये ख़ुद मंज़िल है, ख़ुद ही कारवाँ है।

कितनी दीवारें खड़ी हैं कि दर नहीं दिखता

कितनी दीवारें खड़ी हैं कि दर नहीं दिखता।
ये क्या मक़ाम है, घर में भी घर नहीं दिखता।

ये आईना भी, अजब शय है, इस ज़माने में,
जो इधर बैठ गया है, उधर नहीं दिखता।

हमारी नज़रों का धोखा है या कोई साज़िश,
साफ़ शफ्फ़ाफ़ है सब कुछ, मगर नहीं दिखता।

सर से लेकर, पैर तक, इतना ज़हर में भर गये

सर से लेकर, पैर तक, इतना ज़हर में भर गये।
साँप ख़ुद भी आदमी को काटने से डर गये।

बस्तियाँ, उसने जलाईं, कत्ल भी उसने किये,
और वो इल्ज़ाम अपने, दूसरों पर धर गये।

❑

दिल में तो है, पर-प्यार किसी पर नहीं रहा।
धड़कन का वो ख़ुमार, किसी पर नहीं रहा।

ज़ालिम ज़माने वालों ने, धोखे बहुत दिये,
अब उसको एतबार किसी पर नहीं रहा।

चाहे, कितना भी कमा, बीड़ी जला!

चाहे, कितना भी कमा, बीड़ी जला!
फ़िक्र क्या प्यारे मियाँ, बीड़ी जला!

क्या पता है, क़ब, कहाँ उड़ जायेगी,
ज़िन्दगी ख़ुद है धुआँ, बीड़ी जला!

तेरे पीछे चल रहा है कारवाँ
तू है मीरे-कारवाँ बीड़ी जला!

वो मरा, वो थक गया, वो गिर गया,
सर को यूँ मत खा, अमां बीड़ी जला!

भग गया दामाद, बेटी जल गयी,
अब उसे ढूँढ़ें कहाँ, बीड़ी जला!

और भी ये काम आएँगी बहुत,
फेंक मत यूँ तीलियाँ, बीड़ी जला!

हर कली रो रो के ये कहने लगी,
लूटता है बाग़बाँ, बीड़ी जला!

ज़िन्दगी को गुलाब, करना है

ज़िन्दगी को गुलाब, करना है।
सिर्फ़ आँखों को ख़्वाब, करना है।

वर्क़ बिखरे हुए हैं सब लेकिन,
जोड़ कर, अब किताब करना है।

जुगनुओं को, जमा किया हमने,
रोशनी का हिसाब, करना है।

मुझको अलफ़ाज़ कुछ अता कर दे,
झूठ को, लाजवाब करना है।

अब तो कच्चा घड़ा नहीं होगा
पार फिर से चिनाव करना है।

वो फ़रिश्ता तो बन चुका पूरा,
अब उसे बेनक़ाब करना है।

ज़र्रा, वो धूल में पड़ा होगा,
अब जिसे आफ़ताब करना है।

बन सँवर कर, निकल पड़े तुम तो,
किसका ख़ाना ख़राब करना है!

कोई ख़्वाहिश, या ख़्वाब, कुछ भी नहीं

कोई ख़्वाहिश, या ख़्वाब, कुछ भी नहीं।
चैन, या इज़्तराब, कुछ भी नहीं।

चौंकता है क्यों हर इक आहट पर,
दिले ख़ाना ख़राब, कुछ भी नहीं।

तूने देखी नहीं हैं वो आँखें,
वरना कहता, शराब, कुछ भी नहीं।

शैख़ साहब, चले गये पीकर
मैकदे का हिसाब, कुछ भी नहीं।

उसके चेहरे को देखकर सोचा,
यार, ये आफ़ताब, कुछ भी नहीं।

ज़ुल्म कितने हुए, मेरे दिल पर,
इसका कुछ है हिसाब, कुछ भी नहीं।

आतिशे इश्क़ आप क्या जानें,
आपका ये नक़ाब, कुछ भी नहीं!

वो तो कच्चा घड़ा, निकल आया,
वरना मौजे चिनाब, कुछ भी नहीं।

ये ज़िन्दगी तो किसी रोज़ जाने वाली है

ये ज़िन्दगी तो किसी रोज़ जाने वाली है।
फ़साना मौत का, तुझको, सुनाने वाली है।

सजा रहा है जिसके साथ, ख़्वाब दुनिया के,
वही तो ख़ाक़ में तुझको, मिलाने वाली है!

बस एक बार, तुम्हें मिल गयी मुक़द्दर से,
दुबारा हाथ नहीं, फिर से, आने वाली है।

नींद आयेगी, तो फिर आ ही जायेगी पूरी,
हमेशा तुझको, नहीं, थपथपाने वाली है।

मौत से रूठी हुई है, ये एक दिन के लिए,
मौत इक रोज़ इसे फिर मनाने वाली है।

तू दिल लगाता रहेगा, हमेशा दुनिया से,
मगर ये दुनिया, नहीं, दिल लगाने वाली है।

उठा रहा था कभी नाज़, सारी दुनिया के,
आज वो दुनिया, तुझे ही उठाने वाली है।

सुनो ऐ दोस्तो, 'इकराम' की ग़ज़ल तुम भी,
ये ग़ज़ल, वाक़ई, तुमको सुनाने वाली है।

तुम्हारे हुस्न का कोई जवाब, थोड़ी है

तुम्हारे हुस्न का कोई जवाब, थोड़ी है!
खिला रहेगा हमेशा, गुलाब थोड़ी है!

तुम्हारी आँखों से, पीनी है, उतनी पीने दो
ये उम्र भर का नशा है, शराब थोड़ी है!

ये मेरे प्यार कर दरिया है, तैर कर आजा,
ये कोई कच्चे घड़े का, चिनाब थोड़ी है!

हमारा दिल भी, किसी रोज़ देख लो आकर,
क़सम तुम्हारी, ये इतना ख़राब थोड़ी है!

यक़ीन आता नहीं है, तुम्हारे आने पर,
चिकौटी, काटता रहता हूँ, ख़्वाब थोड़ी है!

मैं कितना जागा हूँ, वो पूछ रहे हैं मुझसे,
मैं उनको कैसे बताऊँ, हिसाब थोड़ी है।

देखकर तुमको, झुका देते हैं सर को अपने,
इसको कहते हैं इबादत, अज़ाब थोड़ी है!

इबादत, रोज़ करता है यहाँ तू

इबादत, रोज़ करता है यहाँ तू!
मगर पहुँचा नहीं, अब तक वहाँ तू!

तेरी फ़रियाद, सुन लेगा ख़ुदा फिर,
अगर बोले, परिन्दों की ज़बाँ तू।

ज़मीं पर है, तेरे आमाल ख़स्ता,
पकड़ना चाहता है आस्माँ तू।

गिराकर दूसरों के घर पे बिजली,
बनाना चाहता है, आशियाँ तू।

ख़ुदा से बात कर लेते थे सीधी,
कहाँ वो लोग थे, और है कहाँ तू!

ग़मे दिल, यूँ सुनाना चाहिए था

ग़मे दिल, यूँ सुनाना चाहिए था।
तुम्हें, बस मुस्कुराना चाहिए था।

पनाह ली है ग़मों ने, मेरे दिल में,
उन्हें कोई ठिकाना चाहिए था!

ज़माना आज़माता है हमेशा,
हमें भी आज़माना चाहिए था।

परिन्दा क़ब तलक उड़ता ख़ला में,
कहीं तो आशियाना चाहिए था!

ग़ज़ल को चीख़कर पढ़ना नहीं था,
इसे बस गुनगुनाना चाहिए था।

उसे मेरी ज़रूरत ही कहाँ थी,
उसे तो बस, ज़माना चाहिए था।

हिन्दी, उर्दू में, ज़बानों की टसल, रहने दे

हिन्दी, उर्दू में, ज़बानों की टसल, रहने दे!
ये ग़ज़ल फ़न है, इसे सिर्फ़ ग़ज़ल, रहने दे!

ये ही पैग़ामे मोहब्बत है, ज़माने के लिए,
लबे-जमना पे, खड़ा, ताज महल रहने दे।

ज़हर के बीज तू हाथों में लिये फिरता है
क्यों उगाता है, ये नफ़रत की फ़सल रहने दे।

देखकर इनको ही, सूरज को निकलना है सुबह
झील में खिलते हुए नील कंवल रहने दे।

इसके मन्दिर में चढ़ाना है, वजू करना है,
थोड़ा सा पाक, ज़रा गंगा का जल, रहने दे!

तू भी इंसान है, और मैं भी तेरा भाई हूँ,
तू ख़्यालात में, ये, रद्दो-बदल रहने दे!

प्यार करना है, यहाँ प्यार के ख़ातिर आया,
सूफियों का ये ज़माने में अमल, रहने दे।

सिर्फ़ चेहरे पे मुहब्बत का, लबादा रखना,
दिल के कोने में, मगर थोड़ा सा छल, रहने दे।

कुछ दिन तो उड़ा मैं, किसी का प्यार पकड़ कर

कुछ दिन तो उड़ा मैं, किसी का प्यार पकड़ कर।
फिर चलना पड़ा मुझको भी दीवार पकड़ कर।

जो शख़्स मुहल्ले में, पहलवान था कभी,
उसको, उठा, बिठाते हैं, दो चार पकड़ कर।

है क़ब्र खुली, दुनिया में, हर एक के लिए,
तुझको भी डाल देंगे, तेरे यार, पकड़ कर।

श्मशान में लाये हैं तुझे लोग जलाने,
हिम्मत है तो उठ, उठ के ज़रा मार, पकड़कर।

दुनिया में इबादत के लिए भेजा था तुझको,
तू आके यहाँ बैठा है, घरबार पकड़कर।

कुछ लोग तो दरबार जाके झाँकते नहीं,
कुछ काट गये ज़िन्दगी, दरबार पकड़कर।

वो लाख सितम गर है, मगर, याद आयेगा

वो लाख सितम गर है, मगर, याद आयेगा।
हमको तो वो ही शामो सहर, याद आयेगा।

कहते हो तुम, सुकून, नहीं मिलता है घर में,
घर से निकलके देखना, घर याद आयेगा।

पत्थर लिए फिरते रहोगे, हाथों में यूँ ही
तुम देखना, तुमको मेरा सर, याद आयेगा।

बजाता है कोई घंटी, तिलावत कौन करता है

बजाता है कोई घंटी, तिलावत कौन करता है।
सभी को चाहिये बदला, इबादत, कौन करता है।

ये दहशत गर्द है, जो मुल्क को बरबाद करते हैं,
ये सब हैं ज़ुल्म के मारे, बगावत कौन करता है।

जिधर भी नज़रें जाती हैं, उधर गुंडे ही गुंडे हैं,
मगर इन गुंडों को लेकर, हुकूमत कौन करता है।

बिछा देते हैं पहले, लाशों का अम्बार बस्ती में
उन्हीं लाशों को लेकर फिर सियासत कौन करता है।

हर इक इंसान को है फ़िक्र, बस अपनी हवेली की,
सड़क पर चलने वालों की, हिफ़ाज़त कौन करता है।

हालात क्या लिखेंगे, साहिल की बस्तियों के

हालात क्या लिखेंगे, साहिल की बस्तियों के।
हम लोग हैं मुसाफ़िर, काग़ज़ की कश्तियों के।

फ़नकार हो, बदल दो अपनी क़लम से दुनिया,
क़ब तक लिखोगे यारो, अफ़साने कुर्सियों के।

आवाज़ फिर हमारी, कोई सुनेगा कैसे,
हम आदमी नहीं हैं, नारे हैं तख़्तियों के।

माथे पे जिनके मणियाँ, इतनी दमक रही हैं,
सारे के सारे नकली, हैं, साँप रस्सियों के।

अल्लाह और राम, यहाँ भी है, वहाँ भी

अल्लाह और राम, यहाँ भी है, वहाँ भी।
रोटी का मसला आम, यहाँ भी है, वहाँ भी।

हालात ये तमाम, यहाँ भी है, वहाँ भी,
हर रोज़, सुबह शाम, यहाँ भी है, वहाँ भी।

आराम कर रहे हैं, सियासत के मुखौटे,
मुश्किल में बस अवाम, यहाँ भी है वहाँ भी।

हैवानियत का नाच है, हर रोज़ सड़क पर,
इंसानियत, नाकाम, यहाँ भी हैं, वहाँ भी।

मजबूरियों में चेहरे तो मुसकाते हैं ज़रूर,
हर दिल में इक कोहराम, यहाँ भी हैं वहाँ भी।

हर वक़्त देखती है, क्यों हैरत से ज़िन्दगी

हर वक़्त देखती है, क्यों हैरत से ज़िन्दगी।
थोड़ा इधर भी देख, मुहब्बत से ज़िन्दगी।

इक बार मिल गयी, इसे, रखना सँभाल के,
जाने मिली है, किसकी, इनायत से ज़िन्दगी।

जब ये चल गयी, तो दुबारा न आयेगी,
तुम ख़र्च करना थोड़ी, किफ़ायत से ज़िन्दगी।

दौलत मिली जहान में, सबसे बड़ी तुम्हें,
थोड़ा छिपा के रखना, हिफ़ाज़त से ज़िन्दगी।

दिल की उदासियों का सबब उसको क़ब कहें

दिल की उदासियों का सबब उसको क़ब कहें!
हर वक़्त हम ये सोचते रहते हैं, अब कहें।

दिल में झिझक, नज़र में हया, लब पे ख़ामशी,
हालात कारसाज़ तो हो जायें, तब कहें।

या रब मुहब्बतों में, बस इतना असर तो हो,
जो दिल में उनके बात है, ख़ुद उनके लब कहें।

दिल बेक़रार रहता है, नींदें भी उड़ गयीं
बस मुस्कुराते रहियेगा, उनसे ये जब कहें।

ये दास्ताने इश्क़ है 'इकराम' सुन ज़रा,
जब भी किसी से कुछ कहें, तो बाअदब कहें।

हम सबको इंसान, बना दे, ऐ अल्लाह!

हम सबको इंसान, बना दे, ऐ अल्लाह!
सबकी इक पहचान बना दे, ऐ अल्लाह!

मन्दिर में क़ुरआन हो, गीता मसजिद में,
ऐसा हिन्दुस्तान बना दे, ऐ अल्लाह!

ख़ुशबू का तो कोई, धर्म नहीं होता,
मुझको तू लोबान बना दे, ऐ अल्लाह!

जिसमें, गीता, बाइबल, क़ुरआन रखें,
दिल को वो दूकान बना दे, ऐ अल्लाह।

तुमने होठों से, कहा, कुछ भी नहीं

तुमने होठों से, कहा, कुछ भी नहीं।
तुम समझते हो सुना, कुछ भी नहीं।

जो भी होना था, हो गया दिल का,
पर ये लगता है, हुआ, कुछ भी नहीं।

तुम मेरे होके रहोगे, यक़ीन है मुझको,
कैसे कह दूँ, कि ख़ुदा, कुछ भी नहीं।

आबरू अपनी सलीके से बचाये रखना

आबरू अपनी सलीके से बचाये रखना!
टूटी दीवारों पे, तस्वीर लगाये रखना।

घर के आँगन में, बुजुर्गों की हसीं यादों के,
हो सके, तुमसे, तो कुछ पौधे लगाये रखना!

ये बचायेंगे, तुम्हें, धूप में साया देंगे,
ऊँचे पेड़ों से, ना, उम्मीद लगाये रखना!

कौन देगा, तेरी बस्ती को उजाला आकर,
झोंपड़ी अपनी ही, हर वक़्त जलाये रखना।

ग़म के अश्कों में ज़माना सदा हँसता आया
अपने दुख दर्द को, बस दिल में छिपाये रखना।

अँधेरे और उजाले जानता है

अँधेरे और उजाले जानता है।
वो मेरे सब हवाले जानता है।

नहीं इंसान् से इंसान मिलता
फ़क़त मंसजिद शिवाले जानता है।

सताया भूख ने जिसको हमेशा,
वही सूखे निवाले जानता है।

किताबों में पढ़ा है इसने अक्सर
ये बच्चा नदी नाले जानता है।

वो मेरी कामियाबी को देखता है
कहाँ पैरों के छाले जानता है।

बात फिर वैसी की वैसी ओफ्फ़ोह

बात फिर वैसी की वैसी ओफ्फ़ोह।
फिर वही ऐसी की तैसी ओफ्फ़ोह।

चोर डाकू और लुटेरे लोग सब,
देश की हालत है कैसी ओफ्फ़ोह।

मुल्क तो अपना है लहराती फ़सल,
और सब नेता मवेशी ओफ्फ़ोह।

साधु, संन्यासी भी सत्ता के लिए,
पी रहे हैं ठर्रा देसी ओफ्फ़ोह।

आदमी कोई भी दिखता ही नहीं,
अब्दुल, अर्जुन, कोई मैसी, ओफ्फ़ोह।

वो मेरी सुनकर ग़ज़ल कहने लगा,
ये तो है 'इकराम' जैसी, ओफ्फ़ोह।

कैसा चमन है जाने ये कैसी बहार है

कैसा चमन है जाने ये कैसी बहार है।
दामन हर इक कली का यहाँ तार तार है।

जिसने किया है ज़ुल्म हमेशा अवाम पर,
वो ही तो हुक्मरानों में, पहले शुमार है।

डोली को जिसने लूट लिया बीच राह में,
सब लोग कह रहे हैं, दुलहन का कहार है।

रोशनी इन दिनों ख़ुद भी हैरान है

रोशनी इन दिनों ख़ुद भी हैरान है।
अब उजाला, अँधेरों का दरबान है।

हाथ बाँधे खड़ा है वो सूरज उधर,
जुगनुओं का उसे, ये ही फ़रमान है।

साँप हैरत में हैं सारे ये सोचकर
हमसे ज़्यादा तो, ज़हरीला इंसान है।

दोस्त है, दोस्त की तरहा, लगता सदा,
दुश्मनी ही मगर, उसकी पहचान है।

वो मिला देता है, मुझको 'इकराम' से,
आईने का बड़ा मुझपर अहसान है।

पलकों पे आँसुओं को, यूँ मेहमान मत रखो

पलकों पे आँसुओं को, यूँ मेहमान मत रखो।
काग़ज़ की कश्तियों में, ये सामान मत रखो।

उसकी जफ़ा का दीजिए, वफ़ाओं से जवाब,
सर पर किसी का, कोई भी अहसान, मत रखो।

है दफ़न इसमें, एक मोहब्बत का मसीहा,
सर को झुकाओ क़ब्र पे लोबान मत रखो।

दिल है, धड़क रहा है, कोई कम तो नहीं है,
पेशानी को हर वक्त, परेशान, मत रखो।

तुम चाहते हो, घर को महकता हुआ हर दम,
तो घर में फिर ये काग़ज़ी गुलदान, मत रखो।

वो बाहुनर है, और वो है अहलेज़र मगर,
रिश्तों को तोलने का, ये मीज़ान, मत रखो।

हाथ रख देंगे वो सर पर, मुझे बुलाते हैं

हाथ रख देंगे वो सर पर, मुझे बुलाते हैं।
बुजुर्ग गाँव के घर पर, मुझे बुलाते हैं।

जहाँ पे पुरखों की, रूहों का आना जाना है,
उसी मकान के खंडर, मुझे बुलाते हैं।

वो जिनकी शाखों पे, बचपन है आज भी मेरा,
दरख्त गाँव के अक्सर, मुझे बुलाते हैं।

मैं जिनको, दैर-ओ-हरम में तलाश करता हूँ,
वो मेरे दिल में उतर कर, मुझे बुलाते हैं।

ये लोग छेड़ेंगे मुझको, समझ के दीवाना,
मगर ये फिर भी हैं बेहतर मुझे बुलाते हैं।

शहर में प्यास की शिद्दत, बहुत सताती है,
किसी की आँख के सागर, मुझे बुलाते हैं।

जो भाइयों ने कभी खींच दी थी आँगन में,
उसी दीवार के सब दर, मुझे बुलाते हैं।

ज़रा सी देर सोना चाहता हूँ

ज़रा सी देर सोना चाहता हूँ।
मैं तेरा ख़्वाब होना चाहता हूँ।

मेरी आँखों में भी आँसू बहुत हैं।
मैं अब पलकें भिगोना चाहता हूँ।

ज़रूरत ही नहीं काँधों की मुझको,
खुद अपनी लाश ढोना चाहता हूँ।

समन्दर का भला अहसान क्यों लूँ,
मैं खुद कश्ती डुबोना चाहता हूँ।

सियासी लोग हैं ये मुल्क का उद्धार करते हैं

सियासी लोग हैं ये मुल्क का उद्धार करते हैं।
इन्हें रोज़े से क्या मतलब, फकत अफ़तार करते हैं।

ये सारा मुल्क है महफूज़, बस इनके ही हाथों में,
बतायें, आप इतनी फ़िक्र क्यों बेकार करते हैं।

ये सारे धर्म हैं इनके, ये सारी क़ौमें भी इनकी
फिर अपनी पीढ़ियाँ भी, ऐसी ही तैयार करते हैं।

हड़प लेते हैं जो ख़ाली ज़मीं आती नज़र इनको,
ये अपनी सरज़मीं से देखो, कितना प्यार करते हैं।

तुम्हारे हाथ जोड़ेंगे, तुम्हारे पैर पकड़ेंगे,
मगर फिर जीत कर, तुम पर ही, उल्टा वार करते हैं।

दिल तो नफ़रत की खान है प्यारे

दिल तो नफ़रत की खान है प्यारे।
सिर्फ़ मीठी-ज़बान है प्यारे।

धर्म, मज़हब, तो नाम हैं वरना,
अपनी-अपनी दुकान है प्यारे।

मौलवी, पादरी या हों पंडित
सबका झूठा बयान है प्यारे।

जनता भोली है, अक्ल भी इसकी
घुटनों के दरमियान है प्यारे।

मार, जिसको भी मारना चाहे,
मुल्क सारा मचान है प्यारे।

सुन के हैरत न कर ज़रा सी भी,
तेरी ही दास्तान है प्यारे।

बात 'इकराम' एक ही कहता,
सबका हिन्दोस्तान है प्यारे।

बड़े दिलचस्प मंज़र हो गये हैं

बड़े दिलचस्प मंज़र हो गये हैं।
कई क़तरे, समन्दर हो गये हैं।

हवा में कल तलक, जो उड़ रहे थे
वहीं तिनके बवंडर हो गये हैं।

सितम को फूलते, फलते न देखा,
हज़ारों महल, खंडर हो गये हैं।

तेरे जैसे जहाँ में लाखों आये
यहाँ कितने सिकन्दर हो गये हैं।

इन्हें कुरसी का पूरा हक़ है यारो,
हज़ारों बार, अन्दर हो गये हैं।

गधों को कृश्न चन्दर ने चढ़ाया,
गधे सब कृश्नचन्दर हो गये हैं।

कुछ ख़यालों और ख़्वाबों में रखे रह जायेंगे

कुछ ख़यालों और ख़्वाबों में रखे रह जायेंगे।
दोस्तो हम भी, किताबों में रखे रह जायेंगे।

लाख ढूँढ़ोगे, मगर, महसूस बस होंगे तुम्हें,
बनके ख़ुशबू हम, गुलाबों में रखे रह जायेंगे।

अपने पुरखों का दिल तोड़ कर

अपने पुरखों का दिल तोड़ कर।
क्यों गया, शहर में दौड़ कर।

पूछा पगडंडियों ने तुम्हें,
क्या मिला गाँव को छोड़ कर।

माँ का दिल तुमको समझाता है,
इतनी दौलत की मत होड़ कर।

जोड़ ली ख़ूब दौलत मगर,
देख रिश्तों को अब जोड़ कर।

सारे पनघट ही प्यासे पड़े,
वो गया जब से मुँह मोड़ कर।

मोती मिल जाता, शायद तुझे,
सीप तो देखता तोड़ कर।

लीडरों से मिल मिला, गणतन्त्र है

लीडरों से मिल मिला, गणतन्त्र है।
तू भी जाके दुम हिला, गणतन्त्र है।

खा रहे हैं माल, सारे देश का
तू भी जाके कुछ खिला, गणतन्त्र है।

एड़ी से चोटी तलक है, भ्रष्टाचार,
कितना लम्बा सिलसिला, गणतन्त्र है।

झूम कर नेता ने, चमचे से कहा,
ला ज़रा ठर्रा पिला, गणतन्त्र है।

भूखे प्यासों की कोई सुनता नहीं,
बैठा बैठा बिलबिला गणतन्त्र है।

पेट में रोटी नहीं तो क्या हुआ,
बस ज़रा सा खिलखिला, गणतन्त्र है।

कोई बलन्दी, कुछ गहराइयों में उलझे हैं

कोई बलन्दी, कुछ गहराइयों में उलझे हैं।
और हम, अपनी ही परछाइयों में उलझे हैं।

ग़ज़ल अवाम के, दिल में उतर चुकी उनकी,
और शौरा रदीफ़, काफ़ियों में उलझे हैं।

लिखेंगे हम भी कई वर्क़, इस ज़माने पर,
नये ख़्याल, अभी हाशियों में उलझे हैं।

बनायेंगे भला, किस तरह, अपना मुस्तक़बिल,
जो लोग माज़ी के कुछ वाक़यों में उलझे हैं।

सामने होते जो दुश्मन, तो हम निकल जाते,
आपको कैसे कहें, दोस्तों में उलझे हैं।

छल, कपट, पाखंड का, कुछ झूठे आभासों का है

छल, कपट, पाखंड का, कुछ झूठे आभासों का है।
सारा जीवन चन्द चालों, और कुछ पासों का है।

स्नेह का सारा सुमन, इसमें खिलेगा ही नहीं।
भूल मत जाना इसे, ये सारा वन बाँसों का है।

विष के पौधे, हमने भी, मन में उगाये थे कभी,
हम समझते हैं कि केवल, दोष, मधुमासों का है।

ये मुहब्बत के तकाज़े, दोस्ती, रिश्तों की डोर
वहम है सारा फ़क़त, ये खेल विश्वासों का है।

तैरती इक लाश को देखा, तो दिल ने ये कहा,
आदमी का कुछ नहीं बस, बोझ तो साँसों का है।

हालात-ए ज़िन्दगी पे कुछ हैरान तो होंगे

हालात-ए ज़िन्दगी पे कुछ हैरान तो होंगे।
हमसे बिछड़ के वो भी, परेशान तो होंगे।

वो झील, वो नदियों के किनारों की हँसी शाम,
वो प्यार के मंज़र, सभी, सुनसान तो होंगे।

हम बा वफ़ा थे, जाने वो क्यूँ हो गये जुदा,
तनहाइयों में वो भी, पशेमान तो होंगे।

'इकराम' के ज़ेहन में अगर तुम रहो सदा,
ये ज़िन्दगी के रास्ते, आसान तो होंगे।

लोग भूखे, प्यासे, नंगे, और सब कुछ ठीक है

लोग भूखे, प्यासे, नंगे, और सब कुछ ठीक है।
मौज करते हैं लफंगे, और सब कुछ ठीक है।

प्यार की तकरीर जो दिन रात करते हैं यहाँ,
वो ही करवाते हैं दंगे, और सब कुछ ठीक है।

आज वो बैठे हैं सारे लोग, संसद में कभी,
सड़कों पे लेते थे पंगे, और सब कुछ ठीक है।

देश है बीमार अपना, हाल कुछ अच्छा नहीं,
सिर्फ़ अब नेता हैं चंगे, और सब कुछ ठीक है।

रोज़ अपने घर का कचरा फेंकते हैं शान से,
देखती है माता गंगे, और सब कुछ ठीक है।

आईना चकरा गया है, हाल ऐसा देखकर,
गंजे भी रखते हैं कंघे, और सब कुछ ठीक है।

आओ मिल कर, आने वाले साल का स्वागत करें

आओ मिल कर, आने वाले साल का स्वागत करें।
जो भी हो, जैसा हो, अपने हाल का स्वागत करें।

हाथ फैलाए, इलेक्शन, फिर खड़े हैं द्वार पर,
भोले मत दाता, चुनावी चाल का स्वागत करें।

उल्लुओं की पाँत जिसपे, जमके फिर घूघायेगी,
हम अभागे, पेड़ की, उस डाल का स्वागत करें।

आप इसको, जानते, पहचानते हैं या नहीं,
ये है अपना देश, इस कंकाल का स्वागत करें।

मन काले, काले, उजले उजले भेष हो गये

मन काले, काले, उजले उजले भेष हो गये।
जो शेष भी नहीं थे, वो विशेष हो गये।

मीनारें चूमती थीं, जिनकी आसमान को,
वो ऊँचे-ऊँचे महल भी अवशेष हो गये।

वाहन के बराबर भी नहीं जो गणेश के,
वो लोग, ये समझते हैं, गणेश हो गये।

मुक्तक और रुबाइयाँ

तेरे नज़दीक आना चाहता हूँ

तेरे नज़दीक आना चाहता हूँ।
मैं ख़ुद से दूर जाना चाहता हूँ।
बहुत घबराया रहता है मेरा दिल,
तुम्हें कुछ तो, सुनाना चाहता हूँ।

❑

मंज़िलों तक वो लेके जाते हैं,
सबसे ऊँची उड़ान है, उनकी।
सपने बाज़ार में, नहीं बिकते,
दिल के अन्दर दुकान है उनकी।

कोई मन्दिर बनाना चाहता है

कोई मन्दिर बनाना चाहता है।
कोई मस्जिद सजाना चाहता है।
मगर इंसान जो भटका हुआ है,
कहीं वो भी, ठिकाना चाहता है।

❑

मन हमारे अनमने क़ब तक रहेंगे।
हम तुम्हारे झुनझुने क़ब तक रहेंगे।
एक दिन हम भी कँवल बनकर खिलेंगे,
पाँव कीचड़ में सने कब तक रहेंगे।

न जाने कब से यूँ ही, जल रहा हूँ

न जाने क़ब से यूँ ही, जल रहा हूँ।
तेरी दहलीज़ पर रक्खा हुआ हूँ।
न सूरज हूँ, न कोई चाँद तारा,
मैं इक छोटा सा, माटी का दीया हूँ।

❑

सख़्त राहों में भी चलना सिखा रही हैं हमें।
ये ठोकरें ही, सँभलना, सिखा रही हैं हमें।
अपने बच्चों के लिए माँ, उबालती पत्थर,
भूख में दिल का बहलना, सिखा रही है हमें।

ऐ ख़ुदा, क्यों नहीं मुझ को तू बता देता है

ऐ ख़ुदा, क्यों नहीं मुझ को तू बता देता है।
जाने किस बात की दुनिया में सज़ा देता है।
चौखटे क़ब्र में ख़ाली ही पड़े रहते हैं,
बस, उठाकर, कोई, तस्वीर लगा देता है।

❑

जिन्हें अपना समझता है, तुझे वो ही जला देंगे।
तेरे अपने ही जाके, तुझको मिट्टी में मिला देंगे।
तू जिनके वास्ते, मरता रहा है, उम्र भर लेकिन,
तेरी सारी वफ़ाओं का, तुझे ये ही सिला देंगे।

जश्न है जश्न को मनाएँ क्या

जश्न है जश्न को मनाएँ क्या।
हाल अपना तुम्हें दिखाएँ क्या।
ज़िन्दगी की ग़ज़ल बहुत लम्बी,
अब, इसे और गुनगुनाएँ क्या।

❑

कितने अफ़साने, मुहब्बत के स्वां हैं इनमें,
इनमें क्या मेरी, कहानी भी कहीं मिलती है।
रोक कर उम्र को, पूछूँगा किसी दिन उससे,
क्या कभी, मेरी जवानी भी कहीं मिलती है।

चाँद हसरत से देखता है तुम्हें

चाँद हसरत से देखता है तुम्हें
सितारे रात भर न सोये हैं।
अपनी पलकें गुलाब से धोकर,
उसने आँखों में ख़्वाब बोये हैं।

❑

दिन न जाने आजकल, बेदर्द कैसे हो गये।
गुलमोहर के लाल पत्ते, ज़र्द कैसे हो गये।
वक़्त की तासीर का, कुछ भी पता चलता नहीं,
कल तलक पत्थर थे, वो सब गर्द कैसे हो गये।

वक़्त की बात को, वक़्त पर कीजिए

वक़्त की बात को, वक़्त पर कीजिए।
इस तरह सबके दिल में असर कीजिए।
लफ़्ज सोचें, तराशें, ज़ेहन में ज़रा,
फिर ग़ज़ल में पिरोकर, नज़र कीजिए।

❑

ज़मीं से आसमाँ तक बोलती है।
जहाँ देखे, जहाँ तक बोलती है।
हवाएँ भी वहाँ जाती नहीं हैं,
मेरी हिन्दी, वहाँ तक बोलती है।

ऐ मेरी जाँ, तेरी रुसवाई से डर जाते हैं

ऐ मेरी जाँ, तेरी रुसवाई से डर जाते हैं।
हम तेरी गलियों से, ख़ामोश गुज़र जाते हैं।
हमको ये राज़, समझ में नहीं आया अब तक,
किस तरह गर्दिशे हालात सँवर जाते हैं।

❑

गुलों के साथ में काँटें भी होते हैं, चलो माना,
मगर माली वो काँटे कैंचियों से छाँट देता है।
उगलते हैं घिनौनी हरकतें, दिन रात जो मुँह से
ज़बानें ऐसे लोगों की, खुदा फिर काट देता है।

जिस दिन से तेरा हाथ, मेरे हाथ में नहीं

जिस दिन से तेरा हाथ, मेरे हाथ में नहीं।
उस दिन से ज़माना भी, मेरे साथ में नहीं।
उगता है चाँद, और, सितारे भी चमकते हैं,
वो पहले जैसी बात, मगर रात में नहीं।

❑

किसी को प्यार के पल याद आये।
किसी को ताजमहल, याद आये।
मैं तो शायर हूँ, मेरी जाने जहाँ,
तुमको देखूँ तो, ग़ज़ल याद आये।

काश अब लौट के, फिर से वो ज़माने आये

काश अब लौट के, फिर से वो ज़माने आये।
रूठे भाई को कभी भाई मनाने आए।
दादी, नानी, वही परियों की कथा बच्चों को,
बैठ कर, उनको, रज़ाई में, सुनाने आये।

❑

जिस तरह पत्तियाँ, शाखों से लगी रहती हैं।
उस तरह बेटियाँ, माँओं से, लगी रहती हैं।
जाने कब टूट कर, इक रोज़ बिछड़ जाती हैं,
जितना रहती हैं, दुआओं से, लगी रहती हैं।

मुश्किल तो हैं ज़रुर, मगर कर रहे हैं हम

मुश्किल तो हैं ज़रुर, मगर कर रहे हैं हम।
काग़ज़ की कश्तियों में सफ़र, कर रहे हैं हम।
यूँ तो है हम पे मौत भी, हर वक़्त मेहरबान,
ऐ ज़िन्दगी, पर तेरे लिए, मर रहे हैं हम!

❑

हालात देखकर हुए हैरान-राम जी।
इन लीडरों से कितने परेशान-राम जी।
मत एक जगह इनको बिठाने की ज़िद करो
कण कण में बिराजे हुए, भगवान-राम जी।

जिससे बिछुड़े हुए, बीता है ज़माना लेकिन

जिससे बिछुड़े हुए, बीता है ज़माना लेकिन,
अब भी आँखों में वो तस्वीर दिखाई देती।
मुझको झकझोरती रहती हैं पुरानी यादें,
दिल के दरवाज़े पे, दस्तक़ सुनाई देती है।

❑

सिर्फ़ ख़ुद के ही दुख में रोते हैं,
दूसरों का कोई मलाल नहीं।
लोग जूतों को साफ़ करते हैं,
अपने दिल का मगर ख़याल नहीं।

हमेशा दर्द जो औरों को देते

हमेशा दर्द जो औरों को देते,
सियासत वाले शरमिन्दा रहेंगे।
लिखेंगे दर्द औरों का हमेशा,
क़लम वाले ही बस ज़िन्दा रहेंगे।

❑

बलन्दियों पे पहुँचना बड़ा ही मुश्किल है,
पहाड़ कहते, उसे आसमान कहते हैं।
वक़्त लगता नहीं कुछ भी तो नीचे आने में,
उतरते वक़्त उसी को ढलान कहते हैं।

कभी मस्जिद में उसको रूबरू, देखा नहीं मैंने

कभी मस्जिद में उसको रूबरू, देखा नहीं मैंने,
मगर मासूम बच्चों में, नज़र हर वक़्त आता है।

मेरी आँखें भी नम रहती हैं, उसकी याद में हरदम,
मगर वो मुफ़लिसों के आँसुओं में मुस्कुराता है।

❑

बिछुड़ के मुझसे, भटकती है हमेशा तनहा,
प्यार के दीप, मैं पलकों पे धरने आया हूँ।
रात भर चाँद, मुहब्बत से रात को कहता,
मैं तेरी माँग, सितारों से, भरने आया हूँ।

मैं तेरी कोख में रहकर, हमेशा ज़िन्दा रहा

मैं तेरी कोख में रहकर, हमेशा ज़िन्दा रहा,
साँस लेने का हुनर भी, बताया माँ ने मुझे।
चूमता रहता हूँ, हाथों की हर इक उँगली को,
जाने किस उँगली से, चलना सिखाया माँ ने मुझे।

❑

अपनी साँसें, वो मेरी साँसों में रख देती है,
लोरियाँ, मीठी, मेरे ख़्वाबों में, रख देती है।
जागती रहती है माँ, मुझको सुलाने के लिए,
ख़ुद की नींदें भी, मेरी आँखों में रख देती है।

लिक्खा है बाइबल में, ये ही है क़ुरान में

लिक्खा है बाइबल में, ये ही है क़ुरान में,
उपदेश ये ही मिलता है वेदों के ज्ञान में।
सारी फ़िज़ां में, गूँजती रहती है ये ही बात,
माँ से बड़ा तो, कोई नहीं इस जहान में।

❑

मेरा चराग़ हवाओं में जलता रहता है,
मुख़ालिफ़त मेरी, कितनी हवाएँ करती हैं।
उन्हें ख़बर ही नहीं है कि घर में बैठे हुए,
उठा के हाथ, मेरी माँ दुआएँ करती है।

गोद में लेटकर जिसकी, ज़माना देखा है

गोद में लेटकर जिसकी, ज़माना देखा है,
उसका चेहरा मेरी आँखों में बसा रहता है।
इसलिए तुमको, मेरे अश्क नहीं दिखते हैं,
माँ का दामन, मेरी पलकों पे रखा रहता है।

❑

मन में सारी घुटन छिपाकर, चेहरे से छलती थी माँ!
घर के ख़ाली चूल्हे में, ईंधन जैसी जलती थी माँ।
ब्याह दीदी का, मेरी पढ़ाई, बाबू जी की बीमारी,
दुख के सारे गलियारों में, हँस-हँस के चलती थी माँ।

उजाले सारे, लज्जित हो रहे हैं

उजाले सारे, लज्जित हो रहे हैं।
अँधेरे सब, सुसज्जित हो रहे हैं।
खड़े मजबूर, शब्दों के चितेरे,
विदूबक महिमामंडित हो रहे हैं।

❑

अपनी डफली, राग भी अपना,
अपनी बातें कहते हैं।
दिल्ली अजब तमाशा घर है,
जहाँ, मदारी रहते हैं।

मिलता हूँ इक ग़रीब से मैं रोज़ शाम को

मिलता हूँ इक ग़रीब से मैं रोज़ शाम को,
सड़कों पे बैठकर, जो वज़न तोल रहा है।
अच्छी तरह से जानता है दिल में बात वो,
किस शख़्स का बाज़ार में, क्या मोल रहा है।

❑

नीम के पत्तों पे, सावन भी चला आता है।
माँ का लीपा हुआ, आँगन भी चला आता है।
लौट आती है, मेरी उम्र भी मुड़कर पीछे,
गाँव जाता हूँ तो बचपन भी चला आता है।

वो मुझको याद करता है

वो मुझको याद करता है,
ख़बर तो लगती रहती है।
मैं बेख़बरी में सोता हूँ
ये धड़कन जगती रहती है।

❑

मुहब्बत को समझने की ज़रूरत ही नहीं होती,
समझ में ये नहीं आती है, बस महसूस होती है।
नज़र के रास्ते, सीधे, उतर जाती है, जो दिल में,
मगर सबसे नहीं होती, बड़ी मख़सूस होती है।

आज के इस दौर ने, सब कुछ खुलासा कर दिया

आज के इस दौर ने, सब कुछ खुलासा कर दिया।
जो भी प्यासा था, उसे, कुछ और प्यासा कर दिया।
चन्द लोगों ने, लुटा दी, ज़िन्दगी फ़न के लिए,
और कुछ लोगों ने फ़न को ही तमाशा कर दिया।

❑

इस ज़माने की जब थी ज़रूरत मुझे,
तब ज़माने को थी, इतनी फुर्सत नहीं।
आज खुद जब ज़माना है पीछे मेरे,
अब ज़माने की मुझको ज़रूरत नहीं।

मुफ़लिस के आँसुओं से समंदर भरे हुए

मुफ़लिस के आँसुओं से समंदर भरे हुए,
आँखें किसी अमीर की, नम हीं नहीं हुईं।
लाखों बरस से दुनिया, यूँ ही चल रही मगर,
रोटी की तलब, आज तक, कम ही नहीं हुई।

❑

दिल का दिया जलाओ, चलो शाम हो गयी।
यादों को जगमगाओ, चलो शाम हो गयी।
जो बिक गया, वो बिक गया अब सोचते क्या हो,
सामान को उठाओ, चलो, शाम हो गयी।

सितारो, चुपके से, किसको बुलाते रहते हो

सितारो, चुपके से, किसको बुलाते रहते हो।
रात भर, किसके लिए, टिमटिमाते रहते हो।
कभी ये लगता है, अब टूटने ही वाले हो,
ज़मीं को दास्ताँ, ग़म की, सुनाते रहते हो।

❑

उम्रे स्वाँ ने चेहरे का, ये हाल कर दिया,
ये मैं हूँ, मेरा दिल ही इसे मानता नहीं।
जो शख़्स मेरे साथ है, बरसों से दोस्तो,
मैं आईने में, उसको ही पहचानता नहीं।

ख़ुद को लफ़्ज़ों में ढालकर रखना

ख़ुद को लफ़्ज़ों में ढालकर रखना।
हुस्न अपना सँभालकर रखना।
दर्द मिलता है, खुश नसीबों को,
दद को दिल में, पालकर रखना।

❑

नदी, ठहर के, किनारों से बात करती है।
रेत भी अपने गुबारों से, बात करती है।
बड़ा अजीब सा, सन्नाटा जब उतरता है,
उदास रात, सितारों से बात करती है।

मेरी ख़ुशबू से ज़माना हमेशा महकेगा

मेरी ख़ुशबू से ज़माना हमेशा महकेगा,
फूल बनकर, कहीं, सहराओं में खिल जाऊँगा।
मुझपे अहसान है, इस माटी में हुआ पैदा,
एक दिन आ के, इसी माटी में मिल जाऊँगा।

❑

तेरा ओहदा, तेरा जलवा, तेरा रुतबा क्या है,
उसके आगे नहीं, कुछ भी, ये बड़प्पन तेरा।
तू अपने आपको, कितना भी बड़ा कह ले मगर,
माँ की आँखों में, छिपा रहता है बचपन तेरा।

कितने मीठे, मधुर बोल हैं बेटियाँ

कितने मीठे, मधुर बोल हैं बेटियाँ।
घर के आँगन की रमझोल हैं बेटियाँ।
हीरे-मोती हैं कम, इनकी मुस्कान से,
सबसे ज़्यादा तो अनमोल हैं बेटियाँ।

❑

बेकार है वो पेड़, जिसपे टहनियाँ नहीं,
वो घर बहुत है सूना, जिसमें बेटियाँ नहीं।
बेटी के बिना घर हमें, बस इस तरह लगे,
जैसे चमन के बीच, कहीं तितलियाँ नहीं।

बड़ी मुश्किल से मिलती हैं, ज़माने में कोई मंजिल

बड़ी मुश्किल से मिलती हैं, ज़माने में कोई मंजिल,
बहुत लम्बा है ये सारा सफ़र, मालूम है यारो।
मुहब्बत के चराग़ों को, हवाएँ, क्या बुझा पाएँगी,
इन्हें, तूफ़ां में जलने का हुनर, मालूम है यारो।

❑

ये कामयाबियों की जो तुमने पढ़ी किताब,
नाकामियों के इसमें, हवाले नहीं देखे।
मंज़िल पे पहुँचना तो नज़र आ गया लेकिन,
तुमने मेरे पैरों के ये छाले नहीं देखे।

हालात ज़िन्दगी के अब, कुछ समझ रहे हैं

हालात ज़िन्दगी के अब, कुछ समझ रहे हैं।
जो कुछ नहीं है, खुद को, सब कुछ, समझ रहे हैं।
अपने बड़ों के हमने, दाबे हैं पाँव बरसों,
ये दुनिया वाले हमको, तब कुछ समझ रहे हैं।

❑

कहीं मन्दिर, कहीं मस्जिद, कहीं गिरजा बनाती है,
तुम्हारे नाम से दुनिया, सभी को ठगती रहती है।
मेरी आँखें तो मरकर भी, खुली ही रह गयीं देखो,
इन्हें आदत है, हर दम बस, तुम्हीं को तकती रहती हैं।

प्यार के मंज़र सलोने, सामने आये कई

प्यार के मंज़र सलोने, सामने आये कई,
देखते ही देखते, आँखों से ओझल हो गये।
अब सँभलते ही नहीं, पलकों पे आकर के मेरी,
आँसुओं में भीगकर, सब ख़्वाब, बोझल हो गये।

❑

ज़माना पूछ रहा है, मैं किस तरह ख़ुश हूँ।
मैं उनको, कैसे बताऊँ कि बे-वजह ख़ुश हूँ।
ये ज़िन्दगी तो, किसी और की अमानत है,
वो मुझको जैसे रखेगा, मैं उस तरह ख़ुश हूँ।

साँसें, गिन गिन कर के दिल में रखता है

साँसें, गिन गिन कर के दिल में रखता है।
ऐ खुदा, क्या तमाशा करता है।
तेरा बन्दा है—ये मेरे मौला,
तेरे दम पे ही जीता-मरता है।

❑

गूँगे बहरे, लूले, लँगड़े, औने पौने लोग,
सियासतों में घुसे हुए हैं बड़े घिनौने लोग।
नींद से खुद की आँखें भारी, ऊँघते रहते हैं,
बिछा रहे हैं आक़ाओं के लिए बिछौने लोग।

शहर में तू तो बहुत, बनके ख़ास रहता है

शहर में तू तो बहुत, बनके ख़ास रहता है।
मगर वो गाँव का पीपल, उदास रहता है।
अमीर लगता है, मुझको, वो सारी दुनिया में,
वो एक आदमी, जो माँ के पास रहता है।

❑

सभी कहते हमारे जिस्म में
बस जां ज़रूरी है।
मगर उसके लिए भी सबसे,
पहले माँ ज़रूरी है।

बिखरे-निखरे अशआर

रोज़ सूरज यूँ ही थक जाता है, ढल जाता है

रोज़ सूरज यूँ ही थक जाता है, ढल जाता है।
शाम का हाथ पकड़ कर वो निकल जाता है।

हादसा-पास से कतरा के गुज़र जाता है।
दुआएँ-पास खड़ी रहती हैं डर जाता है।

शिकारी ताकते रहते, परिन्दों को ठिकाने में।
वो यूँ ही उड़ते रहते हैं, हमेशा आसमानों में।

यूँ तो हर चेहरे में, कहते हैं, ख़ुदा दिखता है।
एक चेहरा मुझे, क्यों सबसे जुदा दिखता है।

फुटपाथ पर हूँ ठीक, कहीं नष्ट न हो जाऊँ

फुटपाथ पर हूँ ठीक, कहीं नष्ट न हो जाऊँ।
संसद में जाती सड़कों पे, मैं भ्रष्ट न हो जाऊँ।

झूठे कभी, सच्चों को भी सच्चा नहीं कहते।
क्या बात है, अच्छो को भी अच्छा नहीं कहते।

औरों के बतायें, तो सब अच्छे उसूल हैं।
जब ख़ुद पे आज़मायें तो सारे फिज़ूल हैं।

सूरज जब निकलेगा तो, दुनिया में सवेरा कर देगा।
झाँकना मत उसमें वरना, आँखों में अँधेरा कर देगा।

ये सच है, जैसे निकले, अपने तो ख़ैर निकल

ये सच है, जैसे निकले, अपने तो ख़ैर निकले।
लेकिन कमाल, इनसे अच्छे तो ग़ैर निकले।

जिनको कहते हैं आप, अपने हैं।
दर असल, सब ये झूठे सपने हैं।

तुम्हें इंसान होने पर, बहुत ग़रूर है प्यारे।
मगर इंसानियत तो तुमसे कितनी दूर है प्यारे।

बोले, ये चन्द जुगनूँ, चलो ऐश किया जाये।
सूरज को गिरफ़्तार करके पेश किया जाये।

तुम मिले तो ज़िन्दगी भी, ज़िन्दगी लगने लगी

तुम मिले तो ज़िन्दगी भी, ज़िन्दगी लगने लगी।
नीम निंबोलियों में चाशनी लगने नगी।

दिल तो हर वक़्त ही पाबन्दे वफ़ा मिलता है।
इसको बस, अपनी ही धड़कन से, दग़ा मिलता है।

काश, आईना कोई, दुनिया में ऐसा मिल जाये।
जिसमें, इंसान के अन्दर का भी चेहरा दिख जाये।

सलीक़ा बात करने का जिन्हें आता नहीं यारो।
ज़माना भी, कभी फिर उनको, अपनाता नहीं यारो।

साँप मिलते नहीं ज़मीनों में

साँप मिलते नहीं ज़मीनों में।
घुस गये सारे, आस्तीनों में।

मेरे यक़ीन को थोड़ा हिला दिया होता।
मेरी दवा में ज़हर मिला दिया होता।

वो अपनी मंज़िलों का, रुख़ बदलते रहते हैं।
सुना है, नींद में भी लोग, चलते रहते हैं।

तुम समझते हो कि, सूरज, डूबता है शाम को।
दर हक़ीक़त, प्यार से, वो झूमता है शाम को।

सोचता रहता तो होगा, कभी, इंसान बनाने वाला

सोचता रहता तो होगा, कभी, इंसान बनाने वाला।
कौन है, इनको, यूँ हिन्दू, या मुसलमान बनाने वाला।

करता है क्यूँ मुग़ालता, इंसान बार-बार।
कुत्ता भी नहीं सूँघता, मरने के बाद यार।

तू अपने हाथ, जूतों के लिये तो मल रहा है।
तेरे पीछे, बिना, पैरों के, कोई चल रहा है।

ज़रा सी देर ठहरा है, उसे लगता है घर में है।
बनी है जब से दुनिया, आदमी, यूँ ही सफ़र में है।

गाँव, परदेस में जीते हैं, वो मिट्टी लिखकर

गाँव, परदेस में जीते हैं, वो मिट्टी लिखकर।
पास, रख लेते हैं, माँ बाप को चिट्ठी लिखकर।

फितरत को अपनी सारी, छिपाकर खुलूस में।
उसने दिये फ़रेब, मिलाकर, खुलूस में।

बस ये ही बात, हमें, दुनिया को समझानी है।
ज़िन्दगी क्या है, फ़क़त, मौत की निगरानी है।

हर इक मस्जिद, हर इक गिरजा, शिवाला, दिल में होता है।
दिये बाहर जलाओ मत, उजाला दिल में होता है।

कौन दुनिया में यहाँ, किसको क्या बनाता है

कौन दुनिया में यहाँ, किसको क्या बनाता है।
वक़्त इंसान को, अच्छा, बुरा बनाता है।

शहर में आज फिर आयी है, मेरे गाँव की चिट्ठी।
लगा, जैसे मिली हो, धूप को, फिर छाँव की चिट्ठी।

कहाँ जलाये जाते हैं, अब कहाँ दफ़्न होते हैं लोग।
अपनी लाशें, बस खुद के ही कन्धों पर ढोते हैं लोग।

ज़ेहन की वादियों से, वो ख़यालों में उतरता है।
वहीं से फिर ग़ज़ल बनकर, मिसालों में उतरता है।

आईना देख के, ख़ुश होना कभी मत यारो

आईना देख के, ख़ुश होना कभी मत यारो।
तुम्हें ग़रूर की, पड़ जायेगी, आदत यारो।

सुना है, आज सुनेंगे, वो दास्तान मेरी।
कहीं निकल ही न जाये, ख़ुशी से जान मेरी।

ज़िन्दगी, हमने तेरे ग़म को भी सँवारा है।
हमको जीने की तमन्ना ने बहुत मारा है।

किरनें पानी में पड़ीं, हुआ सुनहरा रंग।
शाम वहाँ सजकर खड़ी, सूरज हो गया संग।

सब जानते हैं, इतना परेशान क्यों हो तुम

सब जानते हैं, इतना परेशान क्यों हो तुम।
फिर आईने को देख के, हैरान क्यों हो तुम।

पहले तो फूल, काँटों को, कुछ छाँटता है वो।
फिर अपने ढंग से, सबमें, उन्हें बाँटता है वो।

जो कोख में ही, बेटियों को मार रहे हैं।
उनके ही सपने, इस जहाँ में हार रहे हैं।

बेकार नहीं जाती हैं, दरिया में नेकियाँ।
तूफ़ान में बन जाती हैं, सब वो ही कश्तियाँ।

दुनिया में एक झूठी गवाही की तरह हो

दुनिया में एक झूठी गवाही की तरह हो।
इस जंग में, काग़ज़ के सिपाही की तरह हो।

चीख सुनकर भी पड़ोसी, आजकल जगते नहीं।
दूसरों के दुख, हमें क्यों, अपने से लगते नहीं।

कोई नहीं डुबोयेगा, तुझको कभी संसार में।
तू अगर डूबेगा तो बस अपने अहंकार में।

किसी की याद में, दिल बाग़ बाग़ रहता है।
इसी बहाने, हरा, दिल का दाग़ रहता है।

ना यहाँ चाँद, ना तारा कोई चमकता है

ना यहाँ चाँद, ना तारा कोई चमकता है।
माँ की आँखों के चराग़ों से घर दमकता है

मेरी माँ घर बुहारा करती थी, पौ फटने से पहले,
मुझे लगता था ये सूरज, उसी के दम से उगता है।

ये सूरज, चाँद तारे, सब ग़लतफ़हमी के मारे हैं।
जो दिल जलते हैं दुनिया में, उजाले उनसे सारे हैं।

दोहे : मन को सोहे

छोटी-छोटी चीज़ को, सदा रहा तू तोल

छोटी-छोटी चीज़ को, सदा रहा तू तोल।
अब तक समझा ही नहीं, काया है अनमोल॥

बूढ़ा बरगद हो गया, भूला इसको गाँव।
अब भी शीतल क्यों लगे, मुझको इसकी छाँव॥

सोचा, समझा ही नहीं, इस जग का व्यवहार।
क्यों अन्धों में कर रहा, दर्पण का व्यापार॥

सच्चाई रोने लगी, देख झूठ का दौर

सच्चाई रोने लगी, देख झूठ का दौर।
कहता है कुछ आदमी, करता है कुछ और॥

मन की मीरा बावरी, राधा रचती रास।
सांवरिया की बाँसुरी, दोनों का विश्वास॥

रहिमन, ख़ुसरो, जायसी, ताज और रसखान।
ये सब हिन्दी रत्न हैं, इनसे हिन्दुस्तान॥

वो तो क़ब के जा चुके, अपना रूप निखार

वो तो क़ब के जा चुके, अपना रूप निखार।
अब तक उस अहसास को, दर्पण रहा निहार॥

गिरगिट बेचारा हुआ, देख-देख हैरान।
मुझसे ज़्यादा रंग तो, बदल रहा इंसान॥

पड़ी ख़राशें सैकड़ों, नहीं हुआ आभास।
किसने खंडित कर दिया, दर्पण का विश्वास॥

माटी के इंसान ने, माटी से की बात

माटी के इंसान ने, माटी से की बात।
माटी ने पूछा, बता, क्या तेरी औक़ात॥

दसों दिशाओं में लगी, जाने कैसी आग।
राधा, पूछे कृष्ण से, कैसे खेलूँ फाग॥

चौखट पर अम्मा खड़ी, देखत रही है बाट।
हर दम रहे बिदेस में, बेटा तेरा ठाठ॥

चन्दन से, सम्बन्ध हों, तब ही रहें विशेष

चन्दन से, सम्बन्ध हों, तब ही रहें विशेष।
अगर टूट भी जायें तो, गन्ध रहेगी शेष॥

कुछ कहते प्रारब्ध तो, कुछ कहते संयोग।
जो है जिसके भाग्य में, वही रहा है भोग॥

मन की सारी धूर्तता, कोई न ले पहचान।
मुखड़े पर रखना सदा, मन्द-मन्द मुस्कान॥

जिनके ख़ातिर वो, मिटा देते हैं अपने आप को

जिनके ख़ातिर वो, मिटा देते हैं अपने आप को।
वो ही बच्चे कुछ, समझते ही नहीं, माँ बाप को॥

बहुत रहा परदेस में, अब तो चिट्ठी डाल।
या अपने माँ बाप पर, आकर मिट्टी डाल॥

छप्पर ने छत से कहा, सुन ले मेरी बात।
तिनका तिनका जोड़कर, रक्खा सबको साथ॥

जिनको कँधों पर बिठा, ख़ूब कराई मौज

जिनको कँधों पर बिठा, ख़ूब कराई मौज।
वो बच्चे, माँ बाप को, समझ रहे हैं बोझ॥

घर के कोने में रखा, जब जूना सामान।
माँ को रक्खा वहाँ, रखने उसका ध्यान॥

'बोई' महँगी शहर में, बेटा था हुशियार।
बुला लिया झट गाँव से, फ़ौरन देकर तार॥

देखो, रिश्ते हो गये, अब सारे बेकार

देखो, रिश्ते हो गये, अब सारे बेकार।
अब भाई को मारने, भाई है तैय्यार॥

बेटी को कर दी विदा, देकर सारी सीख।
भूल गये देना मगर, माचिस की इक सींक॥

कैसे सुधरेगी भला, यारो अपनी सोच।
जलती हों जिस देश में, लाखों बहुएँ रोज़॥

कैसा आया जगत में, भाव ताव का मोड़

कैसा आया जगत में, भाव ताव का मोड़।
कोयल कौड़ी में बिके, कौआ बिके करोड़॥

जीवन में पाया नहीं, दो पल भी आराम।
सुबहा देखी ही नहीं और ढल गयी शाम।

मन्दिर, मस्जिद की मिले, आपस में दीवार।
बाहर मरने के लिए, पागल सब तैयार॥

समझ पराई बेटियाँ, जला रहे हैं आप

समझ पराई बेटियाँ, जला रहे हैं आप।
जब ख़ुद की बेटी जली, तब समझाये पाप॥

कर दी सारी सम्पदा, जिन बच्चों के नाम।
समझ रहे हैं आजकल वहीं उन्हें नाकाम॥

चीर फाड़कर ख़ून से लिखना है मज़मून।
सदियों से इंसान के, बढ़ते हैं नाख़ून॥

आँसू और सपने करें, आपस में यह बात

आँसू और सपने करें, आपस में यह बात।
चलो बाँट लें मित्र हम, आपस में दिन रात॥

पिता पुत्र के बीच में यह गहरा सम्बन्ध।
पिता महकता पुत्र में बनकर सदा सुगन्ध॥

तेरे मेरे बीच में कोई तो है बात।
दोनों देखें चन्द्रमा, जब-जब आती रात॥

नयना तुमको क्या करें, हम तो हैं मजबूर

नयना तुमको क्या करें, हम तो हैं मजबूर।
आग फूस में झोंककर, रहो दूर के दूर॥

जो कुत्ता दर-दर फिरे, दर दर-दुर दुर होय।
रह एक दर का अगर, दुर दुर करे ना कोय॥

जानें क़ब इस राह में, गुज़रें कभी हुजूर।
झंडे लेकर हाथ में, खड़े हुए मजबूर॥

काँटों की जग में घटी, यूँ ही मुफ़्त में शान

काँटों की जग में घटी, यूँ ही मुफ़्त में शान।
कर देते हैं फूल भी, हमको लहू-लुहान॥

बन का पंछी, डाल पर, बैठा करे विचार।
मन का पंछी, उड़ रहा, सात समन्दर पार॥

पल में मिट गयीं दूरियाँ, कैसा हुआ कमाल।
उड़ कर गया ख़याल, जब पूछा तेरा हाल॥

प्रेम-दृष्टि के बीच में, यह कैसा सम्बन्ध

प्रेम-दृष्टि के बीच में, यह कैसा सम्बन्ध।
साजन के दर्शन हुए, नयन किये जब बन्द॥

व्यर्थ कुल्हाड़ी को किया, हमने बस बदनाम।
था लकड़ी को काटना, लकड़ी का ही काम॥

कहती यही चिनाव की, अब तक हर इक धार।
सिर्फ़ घड़ा डूबा, मगर हुई सोहनी पार॥

अलग अलग सब धर्म हैं, अलग अलग विश्वास

अलग अलग सब धर्म हैं, अलग अलग विश्वास।
लेकिन, जग में एक है, सबकी भूख और प्यास॥

दिन तो भूला रैन को, रैन भूल गयी चैन।
साजन क्या भूले हमें, स्वप्न भूल गये नैन॥

दर्पण की दूकान पर, लगी हुई है भीड़।
चेहरे तो सब गुम हुए, देख रहे सब रीढ़॥

गुनाह कर ही नहीं सकता है ज़हन कोई

गुनाह कर ही नहीं सकता है ज़हन कोई।
अगर ख़यालों में, ज़िन्दा रहे बाहन कोई॥

कलाई पर बहन ने, भाई के अभिमान बाँधा है।
मुहब्बत के, इन्हीं धागों से, हिन्दुस्तान बाँधा है॥

ये भाई बहन का रिश्ता, बहुत प्यारा, अनोखा है।
ना इसमें कोई लालच है, ना इसमें कोई धोखा है॥

मस्जिद पे लिखा है, न शिवाला पे लिखा है

मस्जिद पे लिखा है, न शिवाला पे लिखा है।
ये नाम तो, बस साँसों की माला पे लिखा है॥

करते हैं रात दिन, तेरा सजदा ख़्याल में,
हमने तुम्हारी याद को, मस्जिद बना लिया॥

मुहब्बत में जादू भी, बड़ा ही ख़ास होता है।
जो जितना दूर होता है, वो उतना पास होता है॥

हर पेड़ डालियों को, ऐसे सँभालता है

हर पेड़ डालियों को, ऐसे सँभालता है।
इक बाप, बेटियों को, जिस तरह पालता है॥

तूफ़ान में पत्तों की तरह से सरस उड़े।
वो पेड़ जो, अपनी ही जड़ों से नहीं जुड़े॥

चले थे हम भी लेकर गाँव से कुछ गाँव के सपने।
शहर भी धूप में बिकते नहीं हैं छाँव के सपने॥

केवल बेटों से नहीं, चलता है हर वंश

केवल बेटों से नहीं, चलता है हर वंश।
बेटी भी है आपके, रक्त बीज का अंश॥

बेटी को भी मानिये, स्नेह सूत्र का अंश।
वो भी लेकर चल रही, साथ आपका वंश॥

पुत्र जन्म पर नाचते, दे ढोलक पर थाप।
मार रहे हैं बेटियाँ, ये कैसे माँ-बाप॥

बेटी बोली कोख से, माँ करना उपकार

बेटी बोली कोख से, माँ करना उपकार।
साँसों में रखना सदा, मत देना तुम मार॥

बेटी के सपने सभी, कर देना साकार।
मैं भी देखूँ एक दिन, ये सारा संसार॥

हर बेटी संसार में, तब ही सुख से सोय।
भ्रूण परीक्षण की जगह, स्नेह परीक्षण होय॥

नज़रों से गिरने लगा, अब मौसम का मान

नज़रों से गिरने लगा, अब मौसम का मान।
काँव काँव कौवे करें, कोयल हैं हैरान॥

कष्ट उठाना सीख ले, सुन मूरख मति मन्द।
चन्दन जल भी जाये तो, दुगुनी होय सुगन्ध॥

त्रेता युग का चित्र मैं, आज रहा हूँ खींच।
सीता, सीमा लाँघती, मोबाइल मारीच॥

सड़कों पर कैसे खिले, रंग-बिरंगे फूल

सड़कों पर कैसे खिले, रंग-बिरंगे फूल।
बच्चे हँसते, खेलते, जब जाते स्कूल॥

बदल रहे हैं आजकल, कितने चेहरे लोग।
मोबाइल अब कान पर, रखते बहरे लोग॥

लक्ष्मी जी खुश हो गयीं, देखा है ये धूम।
सारे उल्लू आजकल, मचा रहे हैं धूम॥

दीवाली या ईद हो, राखी या रमज़ान

दीवाली या ईद हो, राखी या रमज़ान।
सबका मतलब एक है, प्यारा हिन्दुस्तान॥

चमन के पास से गुज़रा, तो खुशबू लगने लगती है।
मैं 'हिन्दी' ऐसे लिखता हूँ, किं 'उर्दू' लगने लगती है॥

व्यर्थ धर्म के नाम पर, भटक रहे हैं लोग।
'जीवन अमृत' देश का, 'हिन्दू-मुस्लिम' योग॥

❑❑